한자
6급 쉽게 따기

구성 남춘자
그림 주재홍
만화 김이철

아이앤북
I&BOOK

머리말

한자는 중국의 글자입니다.
한자는 세상에서 가장 배우기 어려운 글자라고도 합니다.
그런 한자를 어떻게 배우냐고요?
그런데 다행스럽게도 우리는 일본과 더불어
한자 문화권에 속하는 나라랍니다.
태양, 공기, 친구, 학교, 우정, 형제, 부모 등 우리가 흔하게
쓰는 말들이 거의 대부분 한자랍니다. 심지어는 부모님이나
우리의 이름도 한자를 많이 사용하고 있습니다.
물론 요즘은 순수 한글을 사용하기도 합니다만.
이렇듯 생활 전반에 한자가 많이 쓰이는 것은 우리 나라가
한글을 만들기 이전부터 한자를 사용했기 때문입니다.
우리가 한자를 배우는 것은 세계 15억 인구가 한자를 사용하고
중국이 주요 국가로 떠오르기 때문만은 아닙니다.
우리글을 알기 위해서는 우리글의 대부분을 차지하고 있는
한자를 반드시 알아야 하기 때문입니다.
이 책은 한자를 단계별로 4단계로 나누어 놓았습니다.
누구나 알 수 있는 1단계에서 고개를 갸우뚱거리게 될
4단계까지 모두 500자의 한자를 다루고 있습니다.
하지만 한자와 함께 있는 재미있는 그림과 쓰기, 실용한자,
만화가 한자를 쉽게 이해할 수 있게 할 것입니다.
아무리 높은 계단도 한 계단, 한 계단 오르다 보면 다 오르듯이
제 아무리 어려운 한자도 한 자, 한 자 익히다 보면
금방 많은 것을 알게 될 것입니다.
그 날을 상상하며 책을 펼쳐 볼까요!

차례(次例)

目太本光古米 6~11
　쓰기 연습 12 · 13
　사자성어(다재다능 · 공명정대) 14 · 15
　쓰기 연습 16
　　문제 17
多行明高反死 18~23
　쓰기 연습 24 · 25
　사자성어(금시초문 · 두문불출) 26 · 27
　쓰기 연습 28
　　문제 29
交朴言者永音 30~35
　쓰기 연습 36 · 37
　사자성어(기고만장 · 천고마비) 38 · 39
　쓰기 연습 40
　　문제 41
分身今用夜半 42~47
　쓰기 연습 48 · 49
　사자성어(좌불안석 · 우이독경) 50 · 51
　쓰기 연습 52
　　문제 53
公石雪作才朝 54~59
　쓰기 연습 60 · 61
　사자성어(대동소이 · 등하불명) 62 · 63
　쓰기 연습 64
　　문제 65

失各美向利京 66~71
　쓰기 연습 72 · 73
　사자성어(목불인견 · 속수무책) 74 · 75
　쓰기 연습 76
　　문제 77
和在代圖弱社 78~83
　쓰기 연습 84 · 85
　사자성어(타산지석 · 천신만고) 86 · 87
　쓰기 연습 88
　　문제 89
衣現章合信共 90~95
　쓰기 연습 96 · 97
　사자성어(천생연분 · 표리부동) 98 · 99
　쓰기 연습 100
　　문제 101
淸果成角計區 102~107
　쓰기 연습 108 · 109
　사자성어(상리공생 · 형설지공) 110 · 111
　쓰기 연습 112
　　문제 113
風英業書李由 114~119
　쓰기 연습 120 · 121
　사자성어(불원천리 · 남남북녀) 122 · 123
　쓰기 연습 124
　　문제 125
5급 한자 126 · 127

6급 150자 (8급, 7급 150자 제외, 가나다순)

各 각각 각	郡 고을 군	禮 예도 례	服 옷 복	勝 이길 승
角 뿔 각	近 가까울 근	路 길 로	本 근본 본	始 비로소 시
感 느낄 감	根 뿌리 근	綠 푸를 록	部 거느릴 부	式 법 식
强 강할 강	今 이제 금	李 오얏 리	分 나눌 분	神 귀신 신
開 열 개	急 급할 급	利 이로울 리	使 부릴 사	身 몸 신
京 서울 경	級 등급 급	理 다스릴 리	死 죽을 사	信 믿을 신
界 지경 계	多 많을 다	明 밝을 명	社 모일 사	新 새로울 신
計 셀(꾀) 계	短 짧을 단	目 눈 목	書 글 서	失 잃을 실
古 옛 고	堂 집 당	聞 들을 문	石 돌 석	愛 사랑 애
高 높을 고	代 대신할 대	米 쌀 미	席 자리 석	夜 밤 야
苦 쓸 고	待 기다릴 대	美 아름다울 미	線 줄 선	野 들 야
功 공 공	對 대답할 대	朴 성씨 박	雪 눈 설	弱 약할 약
公 공평할 공	度 법도 도	反 돌이킬 반	成 이룰 성	藥 약 약
共 함께 공	圖 그림 도	半 반 반	省 살필 성	洋 큰바다 양
果 실과 과	讀 읽을 독	班 나눌 반	消 사라질 소	陽 볕 양
科 과목 과	童 아이 동	發 필(쏠) 발	速 빠를 속	言 말씀 언
光 빛 광	頭 머리 두	放 놓을 방	孫 손자 손	業 업 업
交 사귈 교	等 무리 등	番 차례 번	樹 나무 수	永 길 영
區 구분할 구	樂 즐길 락/풍류 악/좋아할 요	別 다를(나눌) 별	術 재주 술	英 꽃부리 영
球 공 구	例 법식 례	病 병 병	習 익힐 습	溫 따뜻할 온

用 쓸 용	才 재주 재	通 통할 통
勇 날랠 용	在 있을 재	特 특별할 특
運 옮길 운	戰 싸움 전	表 겉 표
園 동산 원	定 정할 정	風 바람 풍
遠 멀 원	庭 뜰 정	合 합할 합
由 말미암을 유	第 차례 제	行 다닐 행
油 기름 유	題 제목 제	幸 다행 행
銀 은 은	朝 아침 조	向 향할 향
音 소리 음	族 겨레 족	現 나타날 현
飮 마실 음	注 부을 주	形 모양 형
衣 옷 의	晝 낮 주	號 이름 호
意 뜻 의	集 모일 집	和 화합할 화
醫 의원 의	窓 창 창	畫 그림 화
者 놈 자	淸 맑을 청	黃 누를 황
作 지을 작	體 몸 체	會 모일 회
昨 어제 작	親 친할 친	訓 가르칠 훈
章 글 장	太 클 태	

획순(총5획) 目 目 目 目 目

사람의 눈을 표현한 글자입니다.
목전의 이익만을 생각하는 것은 어리석은 짓입니다.
일기를 쓸 때는 제목을 붙이는 것이 좋습니다.

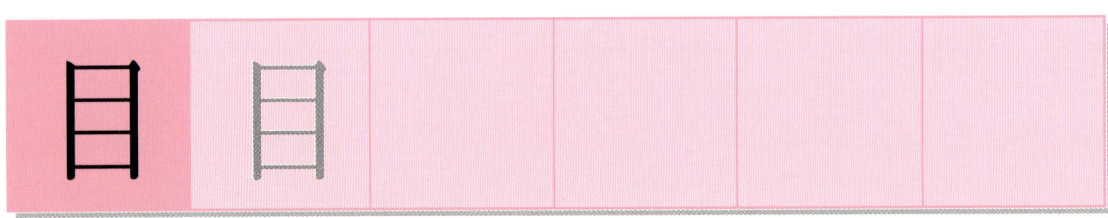

目前(목전) ＊前(앞 전), 題目(제목)

획순(총4획) 太太大太

클 태

'큰 대(大)' 자에 점을 찍어 더 큰 것을 표현한 글자입니다.
태양은 태양계의 중심이 되는 항성입니다.
신화는 태고적부터 전해 내려오는 이야기입니다.

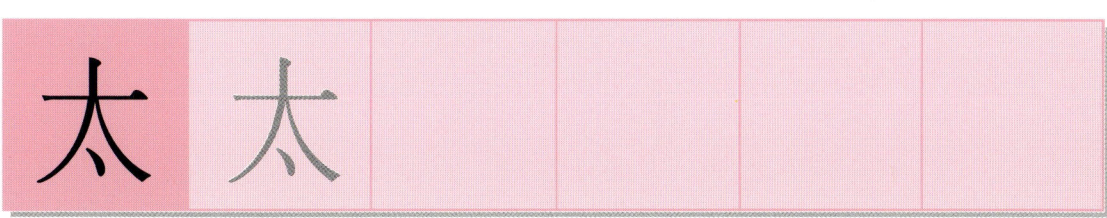

太陽(태양), 太古(태고)

획순(총5획) 本 本 木 木 本

나무의 뿌리, 즉 근본을 표현한 글자입니다.
일본은 멀고도 가까운 나라입니다.
사람의 본심은 숨길 수가 없습니다.

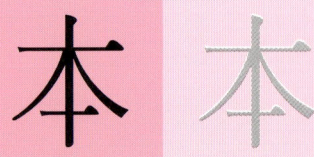

日本(일본) ＊日(날 일), 本心(본심) ＊心(마음 심)

획순(총6획) 光 光 光 光 光 光

빛 광

밝게 빛나는 불을 들고 있는 사람을 표현한 글자입니다.
당신의 앞길에 광명이 비치길 바랍니다.
진공 속에서의 빛의 속도를 광속이라고 합니다.

光	光				

光明(광명), 光速(광속)

옛 고

획순(총5획) 古 古 古 古 古

입에서 입으로 전해 내려오는 옛날 일을 표현한 글자입니다.
우리의 석굴암은 동서고금을 통하여 그 유례를 찾을 수 없을 만큼 대단한 예술품입니다.
고물이 보물이 될 수도 있습니다.

古	古			

東西古今(동서고금) ＊東(동녘 동) ＊西(서녘 서), 古物(고물) ＊物(물건 물)

획순(총6획)　米 米 米 米 米 米

쌀 미

쌀알을 표현한 글자입니다.
할머니께서 편찮으셔서 **미음**을 드십니다.
흰쌀을 **백미**라고 합니다.

어멈아, 나는 이가 부실해서….

걱정 마세요. 아버님을 위해 미음을 준비했으니까요.

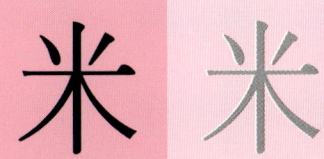

米飮(미음), 白米(백미)　＊白(흰 백)

한자를 마음 속으로 생각하면서 써 보세요.

功	代	失	由	各	共
공 공	대신할 대	잃을 실	말미암을 유	각각 각	함께 공
一 丁 工 功 功	ノ 亻 仁 代 代	ノ ㅡ 乍 失 失	丨 冂 冂 由 由	ノ ク 夂 冬 各 各	一 十 卄 丗 共 共
총 5획	총 5획	총 5획	총 5획	총 6획	총 6획

한자를 마음 속으로 생각하면서 써 보세요.

式	衣	在	合	向	角
법 식	옷 의	있을 재	합할 합	향할 향	뿔 각
一 二 テ 工 式 式	` 亠 ナ 衤 衤 衣	一 ナ 才 在 在 在	ノ 人 스 合 合 合	` ′ 门 向 向 向	ノ ク 角 角 角 角 角
총 6획	총 6획	총 6획	총 6획	총 6획	총 7획

다재다능(多才多能)

多(많을 다), 才(재주 재), 能(능할 능)

재주도 많고 능력도 많다는 말.

공명정대(公明正大)

公(공평할 공), 明(밝을 명), 正(바를 정), 大(큰 대)

마음이 공명하며, 조금도 사사로움이 없이 바르다는 뜻.

한자를 마음 속으로 생각하면서 써 보세요.

多							
많을 다							
才							
재주 재							
多							
많을 다							
能							
능할 능							

公							
공평할 공							
明							
밝을 명							
正							
바를 정							
大							
큰 대							

🚗 다음 빈 칸에 알맞은 말을 쓰세요.
- 目前은 (　　　　)이라고 읽습니다.
- 太古는 (　　　　)라고 읽습니다.
- 日本은 (　　　　)이라고 읽습니다.
- 光明은 (　　　　)이라고 읽습니다.
- 東西古今은 (　　　　)이라고 읽습니다.

🦀 다음 한자의 뜻과 소리를 쓰세요.
- 由 (　　　　)　· 向 (　　　　)
- 共 (　　　　)　· 角 (　　　　)
- 合 (　　　　)　· 功 (　　　　)

🍎 다음 뜻과 소리에 알맞은 한자를 쓰세요.
- 대신할 대 (　　)　· 옷 의　(　　)
- 있을 재　 (　　)　· 법 식　(　　)
- 잃을 실　 (　　)　· 빛 광　(　　)

획순(총6획) 多 夕 多 多 多 多

거듭되는 저녁, 즉 많은 날을 표현한 글자입니다.
다수결의 원칙이 반드시 옳은 것은 아닙니다.
후, 다행이다.

多數決(다수결) *數(셈 수) *決(결단할 결), 多幸(다행)

획순(총6획) 行 行 行 行 行 行

다닐 행

걸어가는 사람을 표현한 글자입니다.
운전자는 보행자를 잘 살펴보아야 합니다.
우리 형은 말보다 행동이 앞섭니다.

步行者(보행자) *步(걸을 보), 行動(행동) *動(움직일 동)

밝을 명

획순(총8획) 明 明 明 明 明 明 明 明

해와 달을 함께 표현한 글자입니다.
진실은 명백하게 밝혀져야 합니다.
이 그림은 명암이 뚜렷합니다.

明	明				

明白(명백) *白(흰 백), 明暗(명암) *暗(어두울 암)

획순(총10획)

高 高 高 高 高
高 高 高 高 高

높을 고

성 위의 높은 망루를 표현한 글자입니다.
고속도로에 차가 많아 마치 주차장 같습니다.
누나는 고등학교에 다닙니다.

와~아, 정말 높고도 높다!

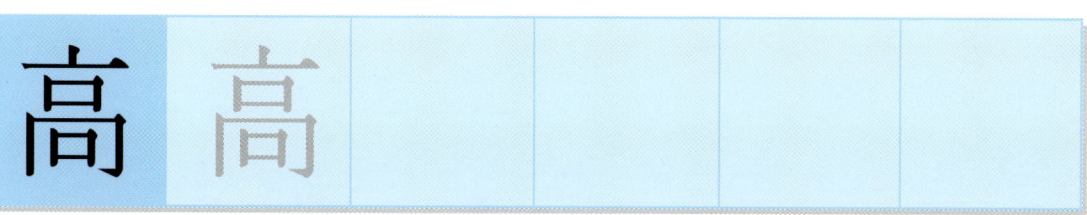

高速道路(고속도로) ＊道(길 도), 高等學校(고등학교) ＊學(배울 학) ＊校(학교 교)

획순(총4획) 反 反 反 反

뒤집어진 손, 즉 반대를 표현한 글자입니다.
일기를 쓰면서 잘못을 반성했습니다.
나는 너의 의견에 반대한다.

돌이킬 반

反省(반성), 反對(반대)

획순(총6획) 死死死死死死

죽을 사

앙상한 뼈, 즉 죽음을 표현한 글자입니다.
죄인은 **사약**을 받거라!
사람이 태어나면 출생 신고를 하고,
죽으면 **사망** 신고를 합니다.

死 死

死藥(사약), 死亡(사망) *亡(망할 망)

한자를 마음 속으로 생각하면서 써 보세요.

李	利	別	成	形	京
오얏 리	이로울 리	다를 별	이룰 성	모양 형	서울 경
一十十木 李李李	一二千千 禾利利	丨口口另 另別別	一厂厂厉 成成成	一二于开 开形形	丶亠宀 宁亨京京
총 7획	총 7획	총 7획	총 7획	총 7획	총 8획

한자를 마음 속으로 생각하면서 써 보세요.

果	近	例	放	服	使
실과 과	가까울 근	법식 례	놓을 방	옷 복	부릴 사
丨 冂 曰 旦 甲 甲 果 果	一 厂 斤 斤 斤 沂 沂 近	ノ 亻 亻 亻 伢 伢 例 例	丶 亠 方 方 方 扩 放 放	丿 刀 月 月 月 朋 服 服	ノ 亻 亻 仁 仁 仁 使 使
총 8획	총 8획	총 8획	총 8획	총 8획	총 8획

금시초문(今時初聞)

今(이제 금), 時(때 시), 初(처음 초), 聞(들을 문)

지금 처음 듣는 소리라는 뜻.

두문불출(杜門不出)

杜(막을 두), 門(문 문), 不(아닐 불), 出(날 출)

집 안에만 틀어박혀 세상 밖으로 나다니지 아니한다는 뜻.

한자를 마음 속으로 생각하면서 써 보세요.

今							
이제 금							
時							
때 시							
初							
처음 초							
聞							
들을 문							

杜							
막을 두							
門							
문 문							
不							
아닐 불							
出							
날 출							

🚗 다음 빈 칸에 알맞은 말을 쓰세요.
- 多幸은 (　　　　)이라고 읽습니다.
- 步行者는 (　　　　)라고 읽습니다.
- 明白은 (　　　　)이라고 읽습니다.
- 高速道路는 (　　　　)라고 읽습니다.
- 反對는 (　　　　)라고 읽습니다.

🦀 다음 한자의 뜻과 소리를 쓰세요.
- 死 (　　　　)　· 形 (　　　　)
- 成 (　　　　)　· 利 (　　　　)
- 京 (　　　　)　· 果 (　　　　)

🍎 다음 뜻과 소리에 알맞은 한자를 쓰세요.
- 오얏 리　(　　)　· 많을 다　(　　)
- 다를 별　(　　)　· 부릴 사　(　　)
- 높을 고　(　　)　· 다닐 행　(　　)

사귈 교

획순(총6획) 交 交 交 交 交 交

다리를 포개고 앉아 있는 사람을 표현한 글자입니다.
교우이신은 세속 오계의 하나로, 벗은 믿음으로써 사귀어야 한다는 뜻입니다.
외교는 중요한 일입니다.

交友以信(교우이신) *友(벗 우) *以(써 이), 外交(외교) *外(바깥 외)

획순(총6획) 朴 朴 朴 朴 朴 朴

자연스러운 나무 껍질을 표현한 글자입니다.
나는 박씨입니다.
산골 소녀의 소박한 모습이 아름답게 보였습니다.

성씨 박

朴氏(박씨) *氏(성씨 씨), 素朴(소박) *素(본디 소)

말씀 언

획순(총7획) 言 言 言 言 言 言 言

입으로 말하는 사람을 표현한 글자입니다.
항상 **언행**을 조심해야 합니다.
언어는 생각이나 느낌을 음성으로 전달하는 수단과 체계입니다.

言行(언행), 言語(언어) ＊語(말씀 어)

획순(총9획) 者者者者者者者者者

놈 자

늙으면서 머리가 하얗게 변하는 사람을 표현한 글자입니다.
나의 꿈은 신문 기자입니다.
올림픽은 승자와 패자를 가리는 것이 목적이 아닙니다.

記者(기자) ＊記(기록할 기), 勝者(승자), 敗者(패자) ＊敗(패할 패)

길 영

획순(총5획) 永 永 永 永 永

물에 던진 돌을 표현한 글자입니다.
이산가족은 영영 만나지 못하는 것일까요?
우리는 영원히 함께하기로 약속한 친구입니다.

| 永 | 永 | | | | |

永永(영영), 永遠(영원)

획순(총9획) 音 音 音 音 音 音 音 音 音

소리 음

서서 소리지르는 사람을 표현한 글자입니다.
음악은 인생을 풍요롭게 합니다.
그는 고음 처리를 아주 잘 하는 가수입니다.

音樂(음악), 高音(고음)

한자를 마음 속으로 생각하면서 써 보세요.

社	始	油	定	注	表
모일 사	비로소 시	기름 유	정할 정	부을 주	겉 표
一 = 亍 礻 礻 礻 社 社	ㄑ ㄑ 女 女 女 始 始 始	丶 氵 氵 汀 油 油 油	丶 宀 宀 宀 宀 定 定	丶 氵 氵 氵 汁 注 注	一 十 丰 丰 丰 丰 表 表
총 8획	총 8획	총 8획	총 8획	총 8획	총 8획

한자를 마음 속으로 생각하면서 써 보세요.

幸	和	界	計	苦	科
다행 행	화합할 화	지경 계	셀 계	쓸 고	과목 과
一十十キ 去去幸幸	一二千禾 禾 和 和	丨口日田 田 甲 界 界 界	一二三言 言言言計 計	丨十卝艹 艹艹苦苦 苦	一二千禾 禾 禾 禾 科 科
총 8획	총 8획	총 9획	총 9획	총 9획	총 9획

기고만장(氣高萬丈)

氣(기운 기), 高(높을 고), 萬(일만 만), 丈(어른 장)

일이 뜻대로 잘 되어 기운이 뻗친다는 뜻.

천고마비(天高馬肥)

天(하늘 천), 高(높을 고), 馬(말 마), 肥(살찔 비)

하늘이 높고 말이 살찐다는 뜻으로 좋은 계절인 가을을 가리킴.

한자를 마음 속으로 생각하면서 써 보세요.

氣							
기운 기							
高							
높을 고							
萬							
일만 만							
丈							
어른 장							

天							
하늘 천							
高							
높을 고							
馬							
말 마							
肥							
살찔 비							

🚗 다음 빈 칸에 알맞은 말을 쓰세요.
- 外交는 (   )라고 읽습니다.
- 朴氏는 (   )라고 읽습니다.
- 言行은 (   )이라고 읽습니다.
- 記者는 (   )라고 읽습니다.
- 高音은 (   )이라고 읽습니다.

🦀 다음 한자의 뜻과 소리를 쓰세요.
- 永 (   )   · 和 (   )
- 社 (   )   · 計 (   )
- 油 (   )   · 科 (   )

🍎 다음 뜻과 소리에 알맞은 한자를 쓰세요.
- 다행 행 (   )   · 말씀 언 (   )
- 겉 표   (   )   · 소리 음 (   )
- 정할 정 (   )   · 비로소 시 (   )

나눌 분

획순(총4획) 分 分 分 分

칼로 자르는 것을 표현한 글자입니다.
분에 넘치는 대접을 받아 몸둘 바를 몰랐습니다.
대량 생산을 위해서는 분업이 필수입니다.

分(분), 分業(분업)

획순(총7획) 身 身 身 身 身 身 身

몸 신

임신한 여자를 표현한 글자입니다.
심신이 튼튼한 사람은 큰일을 할 수 있습니다.
농구 선수들의 신장은 대부분 180센티미터가 넘습니다.

心身(심신) ＊心(마음 심), 身長(신장) ＊長(긴 장)

43

이제 금

획순(총4획) 今 今 今 今

걸어가는 사람을 표현한 글자입니다.
금년에도 풍년이 들었으면 좋겠습니다.
방금 기차가 지나갔습니다.

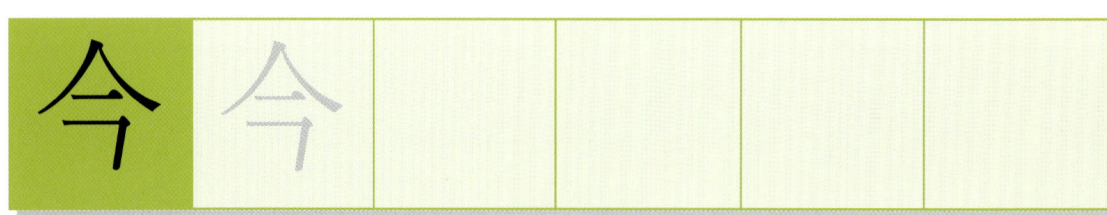

今年(금년) ＊年(해 년), 方今(방금) ＊方(모 방)

획순(총5획) 用 用 用 用 用

쓸 용

거북의 등 무늬를 표현한 글자입니다.
인간은 기구를 사용하는 동물입니다.
용기가 작아서 물이 넘칩니다.

用	用				

使用(사용), 用器(용기) *器(그릇 기)

밤 야

획순(총8획) 夜 夜 夜 夜 夜 夜 夜 夜

집 안에 사람이 모이는 저녁을 표현한 글자입니다.
이 시계는 야광입니다.
야간운전은 특별히 조심해야 합니다.

夜 夜

夜光(야광), 夜間(야간) *間(사이 간)

획순(총5획) 半半半半半

반 반

소를 반으로 나누는 것을 표현한 글자입니다.
우리의 역사를 반만년의 역사라고 합니다.
반풍수 집안 망친다. 즉 서투른 재주를 함부로
부리다가 도리어 일을 망친다는 뜻입니다.

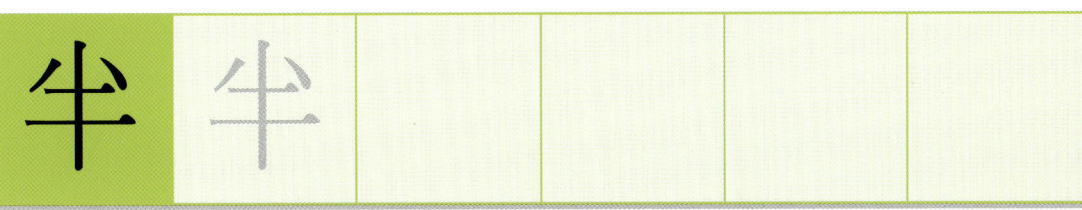

半萬年(반만년) *萬(일만 만), 半風水(반풍수) *水(물 수)

한자를 마음 속으로 생각하면서 써 보세요.

急	待	度	美	省	信
급할 급	기다릴 대	법도 도	아름다울 미	살필 성	믿을 신
′ ⺈ ⺈ ⺈ ⺈ ⺈ 急 急 急	′ ⺈ 彳 彳 彳 彳 待 待 待	′ 亠 广 广 庐 序 府 度 度	′ ⺈ ⺈ ⺈ 主 兰 美 美 美	丨 ⺌ ⺌ 少 少 省 省 省 省	′ 亻 亻 亻 亻 信 信 信 信
총 9획	총 9획	총 9획	총 9획	총 9획	총 9획

한자를 마음 속으로 생각하면서 써 보세요.

洋	英	勇	昨	風	郡
큰바다 양	꽃부리 영	날랠 용	어제 작	바람 풍	고을 군
丶 氵 氵 氵 氵 氵 汼 洋 洋	一 十 十 艹 艹 艹 英 英 英	丆 丂 齐 丙 甬 甬 勇	丨 冂 日 日 日 旷 昨 昨 昨	丿 几 凡 凡 凡 風 風 風 風	一 ㄱ ㅋ ㅋ 尹 君 君 君 郡 郡
총 9획	총 9획	총 9획	총 9획	총 9획	총 10획

좌불안석(坐不安席)

坐(앉을 좌), 不(아닐 불), 安(편안할 안), 席(자리 석)

불안하여 한 자리에 오래 앉아 있지 못함을 이르는 말.

우이독경(牛耳讀經)

牛(소 우), 耳(귀 이), 讀(읽을 독), 經(경서 경)

'소 귀에 경 읽기'란 뜻으로 아무리 가르치고 일러 주어도 못 알아듣는다는 말.

한자를 마음 속으로 생각하면서 써 보세요.

坐								
앉을 좌								
不								
아닐 불								
安								
편안할 안								
席								
자리 석								
牛								
소 우								
耳								
귀 이								
讀								
읽을 독								
經								
경서 경								

🚗 다음 빈 칸에 알맞은 말을 쓰세요.
- 分業은 (   )이라고 읽습니다.
- 身長은 (   )이라고 읽습니다.
- 今年은 (   )이라고 읽습니다.
- 使用은 (   )이라고 읽습니다.
- 夜光은 (   )이라고 읽습니다.

🦀 다음 한자의 뜻과 소리를 쓰세요.
- 半 (   )   · 英 (   )
- 用 (   )   · 信 (   )
- 風 (   )   · 省 (   )

🍎 다음 뜻과 소리에 알맞은 한자를 쓰세요.
- 소 우   (   ) · 기다릴 대 (   )
- 아름다울 미 (   ) · 귀 이   (   )
- 법도 도   (   ) · 어제 작   (   )

공평할 공

획순(총4획) 公 公 公 公

사사로운 것도 공평하게 나누는 것을 표현한 글자입니다.
모든 사건은 공명정대하게 처리되어야 합니다.
공표는 세상에 널리 알린다는 뜻입니다.

公明正大(공명정대) ＊正(바를 정) ＊大(큰 대), 公表(공표)

획순(총5획) 石 石 石 石 石

돌 석

낮은 절벽에 있는 돌을 표현한 글자입니다.
석유는 유한한 에너지입니다.
석빙고는 신라 때에 축조된 얼음 창고입니다.

石油(석유), 石氷庫(석빙고) *氷(얼음 빙) *庫(곳집 고)

눈 설

획순(총11획)

雪 雪 雪 雪 雪 雪
雪 雪 雪 雪 雪

눈을 표현한 글자입니다.
강원도 일대에 대설주의보가 발령 중입니다.
나뭇가지의 설화가 정말 아름답습니다.

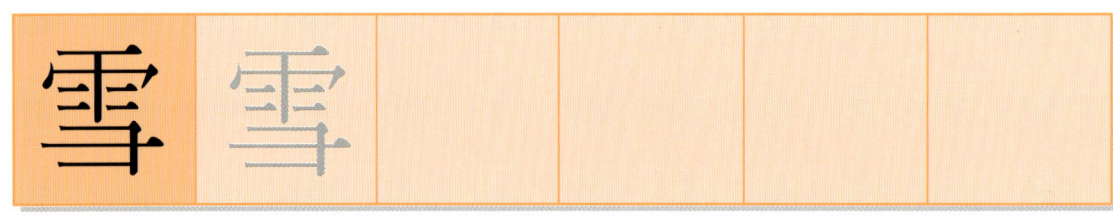

大雪(대설), 雪花(설화) *花(꽃 화)

획순(총7획) 作 作 作 作 作 作 作

지을 작

일하는 사람을 표현한 글자입니다.
작가는 모든 사물을 객관적으로 바라볼 줄 알아야 합니다.
싸움의 승패는 작전에 달려 있습니다.

作	作				

作家(작가) ＊家(집 가), 作戰(작전)

획순(총3획) 　丿 　ナ 　才

싹이 자라는 것을 표현한 글자입니다.
천재는 99%의 노력으로 이루어진다고 합니다.
그는 재능 있는 미술학도입니다.

天才(천재) ＊天(하늘 천), 才能(재능) ＊能(능할 능)

획순(총12획) 朝朝朝朝朝朝朝朝朝朝朝朝

아침 조

해와 달이 함께 떠 있는 이른 아침을 표현한 글자입니다.
조간신문이 아침을 알립니다.
조석으로 찬바람이 붑니다.

朝	朝				

朝刊新聞(조간신문) ＊刊(책 펴낼 간), 朝夕(조석) ＊夕(저녁 석)

한자를 마음 속으로 생각하면서 써 보세요.

根	級	班	病	書	席
뿌리 근	등급 급	나눌 반	병 병	글 서	자리 석
一十才木 朽柯柯根 根根	ㄥ ㄠ ㄠ 糸 糸 糸 紀 級 級 級	一 T 王 玉 玨 玨 班 班 班	ﾞ 亠 广 广 疒 疒 疒 病 病 病	ㄱ ㄱ ㅋ ㅋ 聿 聿 書 書 書 書	ﾞ 亠 广 广 庐 庐 庐 席 席 席
총 10획	총 10획	총 10획	총 10획	총 10획	총 10획

한자를 마음 속으로 생각하면서 써 보세요.

消	孫	神	弱	庭	特
사라질 소	손자 손	귀신 신	약할 약	뜰 정	특별할 특
丶 丶 氵 氵 氵 沙 沙 消 消 消	丁 孑 子 孑 孕 孫 孫 孫 孫	一 T 亍 亓 礻 礻 衤 袖 神 神	一 弓 弓 弓 弓 弓 弱 弱	丶 一 广 广 广 庐 庄 庭 庭 庭	丿 ノ 牛 牛 牜 牜 牪 特 特 特
총 10획	총 10획	총 10획	총 10획	총 10획	총 10획

대동소이(大同小異)

大(큰 대), 同(한가지 동), 小(작을 소), 異(다를 이)

조금은 다르지만 대체로 같다는 말.

등하불명(燈下不明)

燈(등잔 등), 下(아래 하), 不(아닐 불), 明(밝을 명)

등잔 밑이 어둡다. 즉 가까이에서 생긴 일을 오히려 잘 모른다는 뜻.

한자를 마음 속으로 생각하면서 써 보세요.

大							
큰 대							
同							
한가지 동							
小							
작을 소							
異							
다를 이							

燈							
등잔 등							
下							
아래 하							
不							
아닐 불							
明							
밝을 명							

🚗 다음 빈 칸에 알맞은 말을 쓰세요.

· 公明正大는 (   )라고 읽습니다.
· 石油는 (   )라고 읽습니다.
· 大雪은 (   )이라고 읽습니다.
· 作家는 (   )라고 읽습니다.
· 天才는 (   )라고 읽습니다.

🦀 다음 한자의 뜻과 소리를 쓰세요.

· 弱 (   )   · 神 (   )
· 石 (   )   · 朝 (   )
· 席 (   )   · 根 (   )

🍎 다음 뜻과 소리에 알맞은 한자를 쓰세요.

· 지을 작   (   )   · 병 병   (   )
· 글 서   (   )   · 재주 재   (   )
· 뜰 정   (   )   · 손자 손   (   )

잃을 실

획순(총5획) 失 失 失 失 失

손에 잡고 있던 것이 빠져 나간 것을 표현한 글자입니다. 누구나 실수는 할 수 있습니다. 똑같은 실수를 반복하지 않는 것이 중요합니다.
실업은 심각한 사회 문제입니다.

失 失

失手(실수) ＊手(손 수), 失業(실업)

획순(총6획) 各 各 各 各 各 各

각각 각

말이 서로 다른 것을 표현한 글자입니다.
자기 물건은 각각 챙겨야 섞이지 않습니다.
각국의 대표가 모두 모였습니다.

이 쪽? 저 쪽? 아, 괴롭다! 길을 각각 다르게 가르쳐 주다니.

各 各

各各(각각), 各國(각국) *國(나라 국)

아름다울 미

획순(총9획)

美 美 美 美 美
美 美 美 美

큰 양을 표현한 글자입니다.
얼굴만 예쁘다고 **미인**은 아닙니다.
미국은 다인종 국가입니다.

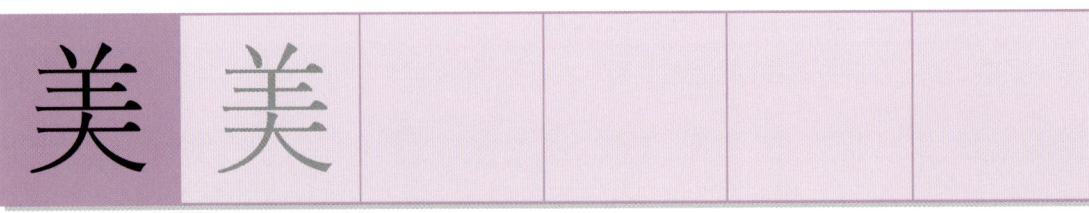

美人(미인) ＊人(사람 인), 美國(미국)

획순(총6획) 向 向 向 向 向 向

향할 향

집의 창을 표현한 글자입니다.
어느 방향으로 가야 할지 모르겠습니다.
우리의 질서 의식이 많이 향상되었습니다.

다들 저 집으로 향하는군.
잔칫집이 분명해.

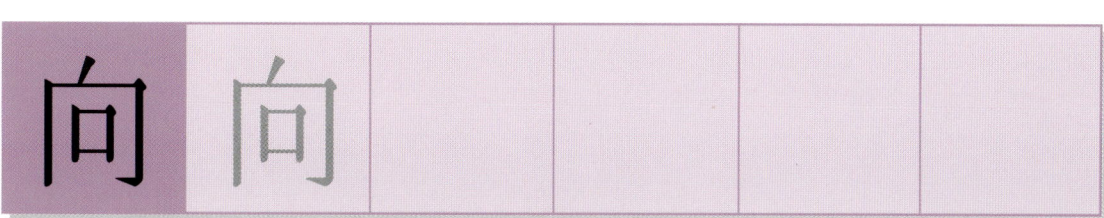

方向(방향) ＊方(모 방), 向上(향상) ＊上(위 상)

이로울 리

획순(총7획) 利 利 利 利 利 利 利

벼를 베는 칼을 표현한 글자입니다.
공항을 이용하는 사람이 점점 늘고 있습니다.
기술 혁명으로 편리한 세상이 되었지만,
인간미는 점점 사라지고 있습니다.

| 利 | 利 | | | | |

利用(이용), 便利(편리) *便(편할 편)

획순(총8획) 京 京 京 京 京 京 京 京

서울 경

높이 솟은 궁궐을 표현한 글자입니다.
일본의 수도는 동경입니다.
상경하면 연락드리겠습니다.

오~메~, 여기가 임금님이 사는 궁궐이 있는 서울이구먼.

京	京				

東京(동경) ＊東(동녘 동), 上京(상경)

한자를 마음 속으로 생각하면서 써 보세요.

訓	區	球	堂	理	部
가르칠 훈	구분할 구	공 구	집 당	다스릴 리	거느릴 부
一 二 三 訁 訁 訓 訓 訓	一 丁 冂 冋 咼 咼 咼 咼 咼 區	一 丁 干 王 珇 玗 玗 球 球 球	丶 丷 丷 丷 兯 兯 兯 兯 堂 堂 堂	一 丁 干 王 珇 玏 玾 玾 珅 理 理	丶 亠 亠 立 产 音 音 音 咅 咅 部 部
총 10획	총 11획	총 11획	총 11획	총 11획	총 11획

한자를 마음 속으로 생각하면서 써 보세요.

速	術	習	野	章	第
빠를 속	재주 술	익힐 습	들 야	글 장	차례 제
一 ㄣ 币 亘 申 束 束 涑 涑 涑 速	′ ㄠ 彳 行 什 朮 祐 祐 祐 祐 術	ㄱ ㄱ ㄹ 羽 羽 羽 羽 羽 習 習 習	ㅣ ㄇ 日 日 甲 甲 里 野 野 野 野	` 亠 立 产 音 产 音 音 音 章 章	′ ㄠ ㄠ 竹 竹 竹 竹 竹 竺 第 第
총 11획	총 11획	총 11획	총 11획	총 11획	총 11획

목불인견(目不忍見)

目(눈 목), 不(아닐 불), 忍(참을 인), 見(볼 견)

눈 뜨고는 차마 볼 수가 없다는 말.

속수무책(束手無策)

束(묶을 속), 手(손 수), 無(없을 무), 策(꾀 책)

어찌할 도리가 없어 꼼짝 못 한다는 말.

한자를 마음 속으로 생각하면서 써 보세요.

目							
눈 목							
不							
아닐 불							
忍							
참을 인							
見							
볼 견							

束							
묶을 속							
手							
손 수							
無							
없을 무							
策							
꾀 책							

🚗 다음 빈 칸에 알맞은 말을 쓰세요.

· 失手는 (　　　　)라고 읽습니다.
· 各國은 (　　　　)이라고 읽습니다.
· 美人은 (　　　　)이라고 읽습니다.
· 方向은 (　　　　)이라고 읽습니다.
· 利用은 (　　　　)이라고 읽습니다.

🦀 다음 한자의 뜻과 소리를 쓰세요.

· 京 (　　　　)　· 堂 (　　　　)
· 美 (　　　　)　· 習 (　　　　)
· 區 (　　　　)　· 章 (　　　　)

🍎 다음 뜻과 소리에 알맞은 한자를 쓰세요.

· 차례 제　(　　　) · 가르칠 훈 (　　　)
· 들 야　　(　　　) · 다스릴 리 (　　　)
· 잃을 실　(　　　) · 빠를 속　 (　　　)

획순(총8획) 和 和 和 和 和 和 和 和

화합할 화

고기를 함께 먹는 것을 표현한 글자입니다.
화백은 신라 시대의 회의 제도입니다.
가정의 평화가 인류 평화의 지름길입니다.

| 和 | 和 | | | | |

和白(화백) ＊白(흰 백), 平和(평화) ＊平(평평할 평)

획순(총6획) 在 在 在 在 在 在

흙에 뿌리박은 싹을 표현한 글자입니다.
그는 학교에서 없어서는 안 될 존재입니다.
인명은 재천이라 하였습니다.

있을 재

| 在 | 在 | | | | |

存在(존재) *存(있을 존), 在天(재천)

대신할 **대**

획순(총5획) 代 代 代 代 代

사람을 대신하여 세워 놓은 말뚝을 표현한 글자입니다.
인생은 그 누구도 대신 살아 줄 수 없습니다.
약 30년을 한 세대라고 합니다.

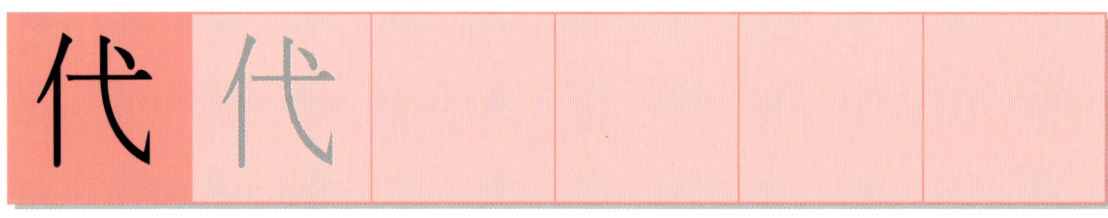

代身(대신), 世代(세대) *世(인간 세)

획순(총14획)

지도를 표현한 글자입니다,
지도는 무엇보다 정확해야 합니다.
삼각형, 사각형 등은 도형입니다.

地圖(지도) ＊地(땅 지), 圖形(도형)

약할 약

획순(총10획)

새의 날개를 표현한 글자입니다.
강약이 조화를 이루는 것이 중요합니다.
그는 항상 약자의 편에서 일하는 변호사입니다.

强弱(강약), 弱者(약자)

획순(총8획) 社 社 社 社 社 社 社 社

모일 사

사람들이 모여 제사 지내는 것을 표현한 글자입니다.
우리 모두가 사회 구성원입니다.
사장과 사원이 한 마음이어야 합니다.

| 社 | 社 | | | | |

社會(사회), 社長(사장) *長(어른 장), 社員(사원) *員(인원 원)

한자를 마음 속으로 생각하면서 써 보세요.

族	畫	窓	淸	通	現
겨레 족	낮 주	창 창	맑을 청	통할 통	나타날 현
ˊ ˋ ˇ 方 方 方ˊ 方ˇ 族 族 族	ㄱ ㅋ ㅋ 聿 聿 書 書 書 畫 畫 畫	ˋ ˊ 宀 宀 穴 空 空 空 窓 窓 窓	ˋ ˋ ˇ 氵 氵 汁 汁 淸 淸 淸 淸	ㄱ ㄱ ㄱ 甬 甬 甬 甬 涌 涌 通	一 T 王 王 玒 珇 珇 珇 珇 現 現
총 11획	총 11획	총 11획	총 11획	총 11획	총 11획

한자를 마음 속으로 생각하면서 써 보세요.

強	開	短	童	等	發
강할 강	열 개	짧을 단	아이 동	무리 등	필 발
フ ヲ ヲ 引 引 引 引 引 引 引 強 強	l ㄇ ㄇ ㄇ ㄇ 門 門 門 門 門 開 開	ノ ㄥ ㅌ 乍 矢 矢 知 知 知 知 短 短	ㆍ 亠 产 产 产 产 音 音 音 童 童 童	ノ ㇏ ㇏ ㇏ 竹 竹 竹 竹 竹 竺 等 等	フ ㇇ ㇇ ㇇ 癶 癶 癶 癶 癶 發 發 發
총 12획	총 12획	총 12획	총 12획	총 12획	총 12획

타산지석(他山之石)

他(다를 타), 山(메 산), 之(의 지), 石(돌 석)

다른 산의 돌이라도 자기의 옥을 가는 데 도움이 된다는 뜻으로,
다른 사람의 하찮은 언행도 자기의 지덕을 닦는 데 도움이 된다는 말.

천신만고(千辛萬苦)

千(일천 천), 辛(괴로울 신), 萬(일만 만), 苦(괴로울 고)

마음과 몸을 온 가지로 수고롭게 하고 애쓴다는 뜻.

한자를 마음 속으로 생각하면서 써 보세요.

他							
다를 타							
山							
메 산							
之							
의 지							
石							
돌 석							

千							
일천 천							
辛							
괴로울 신							
萬							
일만 만							
苦							
괴로울 고							

🚗 다음 빈 칸에 알맞은 말을 쓰세요.
- 平和는 (　　　　)라고 읽습니다.
- 存在는 (　　　　)라고 읽습니다.
- 世代는 (　　　　)라고 읽습니다.
- 地圖는 (　　　　)라고 읽습니다.
- 弱者는 (　　　　)라고 읽습니다.

🦀 다음 한자의 뜻과 소리를 쓰세요.
- 社 (　　　　)　· 現 (　　　　)
- 淸 (　　　　)　· 族 (　　　　)
- 發 (　　　　)　· 開 (　　　　)

🍎 다음 뜻과 소리에 알맞은 한자를 쓰세요.
- 짧을 단　(　　)　· 아이 동　(　　)
- 창 창　　(　　)　· 무리 등　(　　)
- 낮 주　　(　　)　· 강할 강　(　　)

획순(총6획) 衣 衣 衣 衣 衣 衣

옷옷을 표현한 글자입니다.
우리 민족을 백의민족이라고 불렀습니다.
상의와 하의가 서로 어울리지 않습니다.

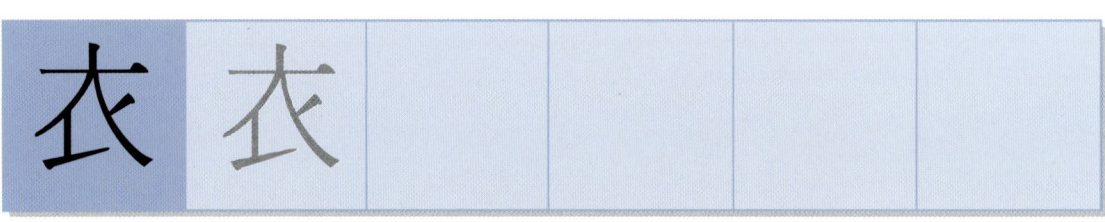

白衣民族(백의민족) ＊白(흰 백) ＊民(백성 민), 上衣(상의), 下衣(하의) ＊下(아래 하)

획순(총11획) 現 現 現 現 現 現
現 現 現 現 現

나타날 현

밝은 옥을 표현한 글자입니다.
우리에게 중요한 순간은 현재입니다.
사건 현장을 꼼꼼하게 살폈습니다.

現 現

現在(현재), 現場(현장) *場(마당 장)

글 장

획순(총11획)

章 章 章 章 章 章
章 章 章 章 章

소리를 글로 남기는 것을 표현한 글자입니다.
요즘은 도장을 많이 사용하지 않습니다.
한 줄의 훌륭한 문장은 사람을 바꿀 수도 있습니다.

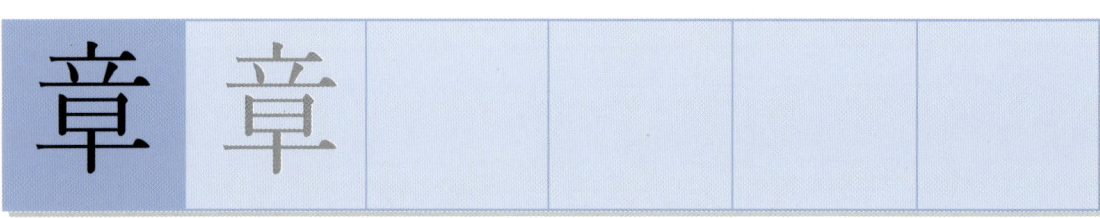

圖章(도장), 文章(문장) *文(글월 문)

획순(총6회) 合 合 合 合 合 合

합할 합

사람들이 모이는 것을 표현한 글자입니다.
대통령 선거를 앞두고 합동 연설회가 방송국에서 열렸습니다.
여러 사람이 함께 노래하는 것을 합창이라고 합니다.

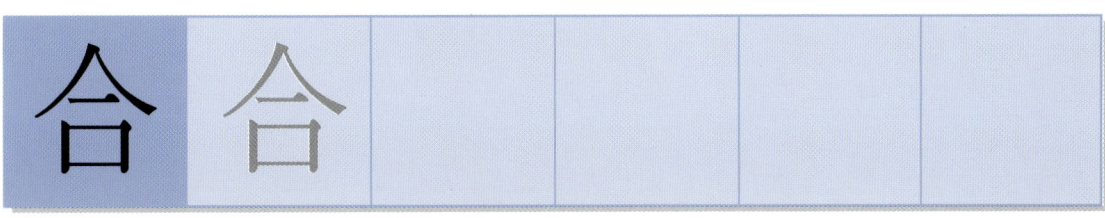

合同(합동) *同(한가지 동), 合唱(합창) *唱(부를 창)

믿을 신

획순(총9획)

信 信 信 信 信
信 信 信 信

사람의 말을 표현한 글자입니다.
신용이 재산입니다.
교회에 신자들이 많이 모였습니다.

信 信

信用(신용), 信者(신자)

획순(총6획) 共 共 共 共 共 共

함께 공

두 사람의 손을 표현한 글자입니다.
자연은 인류 공동의 재산입니다.
공공요금이 해마다 인상되고 있습니다.

남·북 선수가 함께
공을 떠받치고 있습니다.
마치 하나 되는 조국을,
하나 되는 인류를
뜻하는 것 같습니다.

共	共			

共同(공동), 公共(공공)

한자를 마음 속으로 생각하면서 써 보세요.

番	勝	陽	集	黃	感
차례 번	이길 승	볕 양	모일 집	누를 황	느낄 감
一 ㄷ 爫 뜨 平 平 釆 釆 番 番 番 番	丿 刀 月 月 肌 朕 肹 胼 胼 胼 勝 勝	丶 ㄱ 阝 阝 阝 阝 阝 阻 阻 陽 陽 陽	丿 亻 亻 亻 什 隹 隹 隼 集 隼 集 集	一 十 艹 艹 苎 艹 苎 苎 苦 苗 黃 黃	丿 厂 厂 厂 厂 厂 咸 咸 咸 咸 感 感 感
총 12획	총 12획	총 12획	총 12획	총 12획	총 13획

한자를 마음 속으로 생각하면서 써 보세요.

路	新	愛	業	溫	運
길 로	새로울 신	사랑 애	업 업	따뜻할 온	옮길 운
丨口卩 甲卩昆路 趵路路 路	丶亠立 立辛辛 亲新新 新	一ᅳ ⺍⺍⺍ ᅟᅟᅟᅟ 愛愛愛 愛	丨丨丨 业业业 业业堂 業業 業	丶氵氵 氵泗泗 泗泗溫 溫	丶一冖冃 冃冒冒 軍軍運 運
총 13획	총 13획	총 13획	총 13획	총 13획	총 13획

천생연분(天生緣分)

天(하늘 천), 生(날 생), 緣(인연 연), 分(나눌 분)

하늘이 미리 마련하여 준 연분, 천생배필, 천생인연.

표리부동(表裏不同)

表(겉 표), 裏(속 리), 不(아닐 부), 同(한가지 동)

겉과 속이 다르다는 말.

한자를 마음 속으로 생각하면서 써 보세요.

天 하늘 천							
生 날 생							
緣 인연 연							
分 나눌 분							

表 겉 표							
裏 속 리							
不 아닐 부							
同 한가지 동							

🚗 다음 빈 칸에 알맞은 말을 쓰세요.

· 上衣는 (   )라고 읽습니다.
· 現在는 (   )라고 읽습니다.
· 文章은 (   )이라고 읽습니다.
· 合唱은 (   )이라고 읽습니다.
· 信用은 (   )이라고 읽습니다.

🦀 다음 한자의 뜻과 소리를 쓰세요.

· 番 (   )   · 愛 (   )
· 共 (   )   · 集 (   )
· 業 (   )   · 黃 (   )

🍅 다음 뜻과 소리에 알맞은 한자를 쓰세요.

· 길 로   (   )   · 느낄 감   (   )
· 따뜻할 온 (   )   · 새로울 신 (   )
· 옮길 운   (   )   · 볕 양   (   )

맑을 청

획순(총11획) 淸淸淸淸淸淸淸淸淸淸淸

파란 물을 표현한 글자입니다.
청명한 날이 계속되고 있습니다.
나는 청소 반장입니다.

淸	淸			

淸明(청명), 淸掃(청소) *掃(쓸 소)

획순(총8획) 果 果 果 果 果 果 果 果

실과 과

나무 위의 열매를 표현한 글자입니다.
과수원에는 온갖 과일 나무들이 자라고 있습니다.
시작이 좋아야 결과도 좋은 법입니다.

果樹園(과수원), 結果(결과) ＊結(맺을 결)

이룰 성

획순(총7획) 成 成 成 成 成 成 成

장정들의 힘을 표현한 글자입니다.
실패는 성공의 어머니다.
동맥경화, 당뇨병, 암 등을 성인병이라고 합니다.

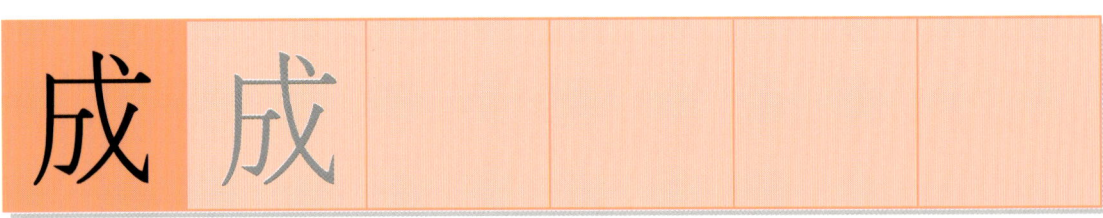

成功(성공), 成人病(성인병) *人(사람 인)

획순(총7획) 角 角 角 角 角 角 角

뿔 각

동물의 뿔을 표현한 글자입니다.
오늘 수학 시간 준비물은 각도계입니다.
직각은 90° 입니다.

角	角				

角度計(각도계), 直角(직각) *直(곧을 직)

셀 계

획순(총9획)

計 計 計 計 計
計 計 計 計

말로 수를 세는 것을 표현한 글자입니다.
아버지께서 생일 선물로 시계를 사 주셨습니다.
계산서는 잘 정리해 두어야 합니다.

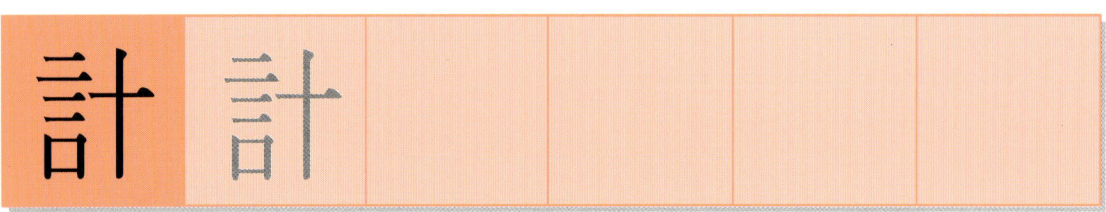

時計(시계) ＊時(때 시), 計算書(계산서) ＊算(셈 산)

획순(총11획)

구분할 구

물건을 나누는 것을 표현한 한자입니다.
정확하게 구분하기가 쉽지 않습니다.
'아들 딸 구별 말고 하나만 낳아 잘 기르자.' 라고
외치던 때가 있었습니다.

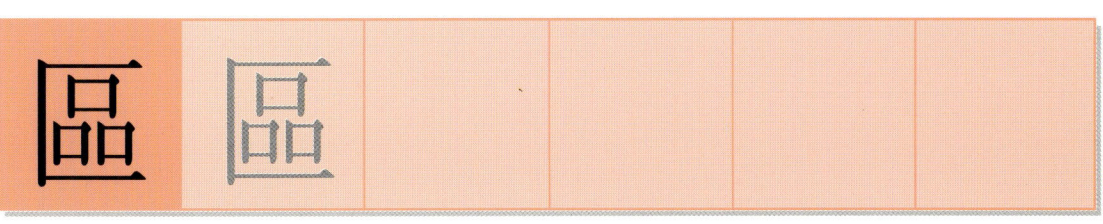

區分(구분), 區別(구별)

한자를 마음 속으로 생각하면서 써 보세요.

園	飲	意	號	畵	會
동산 원	마실 음	뜻 의	이름 호	그림 화	모일 회
丨冂冂冃周周周園園園園園園	丿𠂉𠆢今今今食食食食飮飮飮	丶亠立产产产音音音音意意意	丨口号号号号虎虎號號號號號	一一ヨヨ聿聿聿書書書畵畵畵	丿𠆢亼仐仒仒仒仒侖會會會會
총 13획	총 13획	총 13획	총 13획	총 13획	총 13획

한자를 마음 속으로 생각하면서 써 보세요.

對	綠	聞	遠	銀	圖
대답할 대	푸를 록	들을 문	멀 원	은 은	그림 도
丨 丨丨 业 业 业 业 业 丵 丵 丵 丵 對 對	㇀ 幺 幺 糸 糸 糸 糽 紣 紣 絡 綠 綠	丨 冂 冂 門 門 門 門 門 門 門 閏 閏 聞 聞	一 十 吉 吉 吉 吉 袁 袁 袁 `遠 遠 遠 遠	㇀ ㇏ 𠆢 𠆢 㐅 𠂉 金 金 金 釒 釒 銀 銀 銀	丨 冂 冂 門 門 圖 圖 圖 圖 圖 圖 圖 圖 圖
총 14획	총 14획	총 14획	총 14획	총 14획	총 14획

상리공생(相利共生)

相(서로 상), 利(이로울 리), 共(함께 공), 生(날 생)
다른 종류의 생물끼리 서로 이익을 얻는 상태.

형설지공(螢雪之功)

螢(개똥벌레 형), 雪(눈 설), 之(의 지), 功(공 공)

개똥벌레의 빛과 흰 눈빛으로 공부했다는 차윤과 손강의 고사에서 유래.
즉 어려운 가운데서도 열심히 학문을 닦은 보람을 뜻함.

한자를 마음 속으로 생각하면서 써 보세요.

相							
서로 상							
利							
이로울 리							
共							
함께 공							
生							
날 생							

螢							
개똥벌레 형							
雪							
눈 설							
之							
의 지							
功							
공 공							

🚗 다음 빈 칸에 알맞은 말을 쓰세요.
- 清明은 (　　　)이라고 읽습니다.
- 結果는 (　　　)라고 읽습니다.
- 成功은 (　　　)이라고 읽습니다.
- 直角은 (　　　)이라고 읽습니다.
- 時計는 (　　　)라고 읽습니다.

🦀 다음 한자의 뜻과 소리를 쓰세요.
- 區 (　　　)　· 飮 (　　　)
- 圖 (　　　)　· 銀 (　　　)
- 聞 (　　　)　· 遠 (　　　)

🍎 다음 뜻과 소리에 알맞은 한자를 쓰세요.
- 이름 호　(　　)　· 뜻 의　(　　)
- 그림 화　(　　)　· 동산 원　(　　)
- 모일 회　(　　)　· 푸를 록　(　　)

바람 풍

획순(총9획) 風風風風風風風風風

바람에 움직이는 벌레를 표현한 글자입니다.
풍차는 바람을 에너지로 바꾸는 기계입니다.
나라의 운명이 풍전등화의 위기에 놓였습니다.

風車(풍차) *車(수레 차), 風前燈火(풍전등화) *前(앞 전) *燈(등 등) *火(불 화)

획순(총9획) 英英英英英 英英英英

꽃봉오리를 표현한 글자입니다.
영국의 수도는 런던입니다.
영어는 영국, 미국, 캐나다, 호주 등의 공용어입니다.

꽃부리 영

英 英

英國(영국), 英語(영어) *語(말씀 어)

업 업

획순(총13획)

業業業業業業業
業業業業業業

나무에 걸어 놓은 악기를 표현한 글자입니다.
누구에게나 생업은 중요합니다.
우리 아버지는 건축업계에 종사하십니다.

生業(생업) ＊生(날 생), 業界(업계)

획순(총10획) 書書書書書 書書書書書

글 서

말을 붓으로 쓰는 것을 표현한 글자입니다.
우리 동네에 서당이 생겼습니다.
나는 학급 회의에서 서기를 맡았습니다.

書堂(서당), 書記(서기) *記(기록할 기)

오얏 리

획순(총7획) 李李李李李李李

자두나무 열매를 표현한 글자입니다.
나는 이씨입니다.
이하부정관은 자두나무 밑에서 갓을 고쳐 쓰지 말라,
즉 남의 의심을 받을 만한 일을 하지 말라는 뜻입니다.

李氏(이씨) *氏(씨 씨), 李下不正冠(이하부정관) *不(아닐 부) *正(바를 정) *冠(갓 관)

획순(총5획) 由 由 由 由 由

말미암을 유

열매를 표현한 글자입니다.
문자는 간단한 기호에서 유래되었습니다.
네가 학교에 늦은 사유를 말해 보아라!

由來(유래) ＊來(올 래), 事由(사유) ＊事(일 사)

한자를 마음 속으로 생각하면서 써 보세요.

樂	線	頭	樹	戰	親
즐길 락	줄 선	머리 두	나무 수	싸움 전	친할 친
필순	필순	필순	필순	필순	필순
총 15획	총 15획	총 16획	총 16획	총 16획	총 16획

한자를 마음 속으로 생각하면서 써 보세요.

禮	醫	題	藥	讀	體
예도 례	의원 의	제목 제	약 약	읽을 독	몸 체
필순	필순	필순	필순	필순	필순
총 18획	총 18획	총 18획	총 19획	총 22획	총 23획

불원천리(不遠千里)

不(아닐 불), 遠(멀 원), 千(일천 천), 里(마을 리)

천릿길도 멀다고 여기지 않음.

남남북녀(南男北女)

南(남녘 남), 男(사내 남), 北(북녘 북), 女(계집 녀)

남쪽은 남자가 준수하고, 북쪽은 여자가 아름답다는 말.

한자를 마음 속으로 생각하면서 써 보세요.

不 아닐 불							
遠 멀 원							
千 일천 천							
里 마을 리							
南 남녘 남							
男 사내 남							
北 북녘 북							
女 계집 녀							

🚗 다음 빈 칸에 알맞은 말을 쓰세요.
- 風車는 (   )라고 읽습니다.
- 英語는 (   )라고 읽습니다.
- 生業은 (   )이라고 읽습니다.
- 書記는 (   )라고 읽습니다.
- 李氏는 (   )라고 읽습니다.

🦀 다음 한자의 뜻과 소리를 쓰세요.
- 樂 (   )   · 讀 (   )
- 樹 (   )   · 親 (   )
- 由 (   )   · 藥 (   )

🍎 다음 뜻과 소리에 알맞은 한자를 쓰세요.
- 머리 두   (   )   · 제목 제   (   )
- 몸 체   (   )   · 싸움 전   (   )
- 줄 선   (   )   · 예도 례   (   )

5급 200자 (8·7·6급 300자 제외, 가나다순)

加 더할 가	告 알릴 고	吉 길할 길	令 영내릴 령	比 견줄 비
可 옳을 가	曲 굽을 곡	念 생각할 념	領 거느릴 령	費 쓸 비
價 값 가	課 시험할 과	能 능할 능	勞 일할 로	鼻 코 비
改 고칠 개	過 지날 과	團 둥글 단	料 헤아릴 료	氷 얼음 빙
客 나그네 객	關 관계할 관	壇 제단 단	流 흐를 류	士 선비 사
去 갈 거	觀 볼 관	談 이야기 담	類 무리 류	仕 섬길 사
擧 들 거	廣 넓을 광	當 마땅 당	陸 뭍 륙	史 사기 사
件 사건 건	橋 다리 교	德 덕 덕	馬 말 마	査 조사할 사
建 세울 건	具 갖출 구	到 이를 도	末 끝 말	思 생각할 사
健 굳셀 건	救 구원할 구	島 섬 도	亡 망할 망	寫 베낄 사
格 격식 격	舊 예 구	都 도읍 도	望 바랄 망	産 낳을 산
見 볼 견	局 판 국	獨 홀로 독	買 살 매	相 서로 상
決 결단할 결	貴 귀할 귀	落 떨어질 락	賣 팔 매	商 장사 상
結 맺을 결	規 법 규	朗 밝을 랑	無 없을 무	賞 상줄 상
景 볕 경	給 줄 급	冷 찰 랭	倍 곱 배	序 차례 서
敬 공경할 경	己 몸 기	良 어질 량	法 법 법	仙 신선 선
輕 가벼울 경	技 재주 기	量 헤아릴 량	變 변할 변	船 배 선
競 다툴 경	汽 증기 기	旅 나그네 려	兵 병사 병	善 착할 선
固 굳을 고	基 터 기	歷 지낼 력	福 복 복	選 가릴 선
考 생각할 고	期 기약할 기	練 익힐 련	奉 받들 봉	鮮 고울 선

說 말씀 설	熱 더울 열	因 인할 인	卒 마칠 졸	他 다를 타
性 성품 성	葉 잎 엽	任 맡길 임	終 마칠 종	打 칠 타
洗 씻을 세	屋 집 옥	材 재목 재	種 씨 종	卓 높을 탁
歲 해 세	完 완전할 완	財 재물 재	罪 허물 죄	炭 숯 탄
束 묶을 속	要 구할 요	再 두 재	州 고을 주	宅 집 택(댁)
首 머리 수	曜 빛날 요	災 재앙 재	週 두를 주	板 널 판
宿 잘 숙	浴 목욕할 욕	爭 다툴 쟁	止 그칠 지	敗 패할 패
順 순할 순	牛 소 우	貯 쌓을 저	知 알 지	品 물건 품
示 보일 시	友 벗 우	赤 붉을 적	質 바탕 질	必 반드시 필
識 알 식	雨 비 우	的 과녁 적	着 붙을 착	筆 붓 필
臣 신하 신	雲 구름 운	典 법 전	參 참여할 참	河 물 하
實 열매 실	雄 수컷 웅	展 펼 전	唱 부를 창	寒 찰 한
兒 아이 아	元 으뜸 원	傳 전할 전	責 꾸짖을 책	害 해할 해
惡 악할 악	院 집 원	切 끊을 절	鐵 쇠 철	許 허락할 허
案 책상 안	原 근원 원	節 마디 절	初 처음 초	湖 호수 호
約 맺을 약	願 원할 원	店 가게 점	最 가장 최	化 될 화
養 기를 양	位 자리 위	停 머무를 정	祝 빌 축	患 근심 환
魚 고기 어	偉 클 위	情 뜻 정	充 채울 충	效 본받을 효
漁 고기잡을 어	以 써 이	調 고를 조	致 이를 치	凶 흉할 흉
億 억 억	耳 귀 이	操 잡을 조	則 법칙 칙	黑 검을 흑

2003년 5월 1일 1판 1쇄 발행
2008년 8월 15일 1판 12쇄 발행

구　　성　남춘자
그 린 이　주재홍
만　　화　김이철
발 행 인　김경석
펴 낸 곳　아이앤북
편　　집　우안숙
디 자 인　이　선 김희영
편집외주　김희중 최성옥
마 케 팅　김성기 김만석 양경희 정윤화 양현민 차명철
주　　소　서울시 성동구 용답동 233-5
연 락 처　(02)2248-1555 | FAX (02)2243-3433
등　　록　제4-449호

ISBN 89-90267-24-2 73720

WWW.IANDBOOK.CO.KR 아이앤북은 '나와 책' '아이와 책' 이라는 뜻을 가지고 있습니다.